PANÉGYRIQUE

DE

SAINT AIGNAN

PATRON DE LA VILLE ET DU DIOCÈSE D'ORLÉANS

PRONONCÉ

DANS L'ÉGLISE DE SAINT-AIGNAN

LE 17 NOVEMBRE 1867

Par M. l'abbé Eugène NOTIN

CURÉ DE MAREAU-AUX-PRÉS.

ORLÉANS & GIEN

CHEZ LES LIBRAIRES.

1867

PANÉGYRIQUE

DE

SAINT AIGNAN

PANÉGYRIQUE

DE

SAINT AIGNAN

PATRON DE LA VILLE ET DU DIOCÈSE D'ORLÉANS

PRONONCÉ

DANS L'ÉGLISE DE SAINT-AIGNAN

LE 17 NOVEMBRE 1867

Par M. l'abbé Eugène NOTIN

CURÉ DE MAREAU-AUX-PRÉS.

ORLÉANS & GIEN

CHEZ LES LIBRAIRES

—

1867

†

Cor unum et anima una.

A MON FRÈRE

CURÉ-DOYEN

DE

SAINT-AIGNAN D'ORLÉANS

PANÉGYRIQUE

DE

SAINT AIGNAN

« *Quæcumque sunt vera, quæcumque*
« *pudica, quæcumque sancta, hæc co-*
« *gitate.* »

« Que tout ce qui est vrai, que tout
« ce qui est pur et saint, fasse le sujet
« de vos méditations. »

Ce sont là, mes Frères, les nobles paroles par lesquelles l'Apôtre indique aux Philippiens la nature des pensées et des sentiments dont ils doivent se pénétrer depuis leur conversion à l'Évangile de Jésus-Christ. — Or, ce soir, au seuil de ces religieuses solennités, je ne saurais mieux faire que d'invoquer les mêmes paroles, puisqu'elles contiennent le germe fécond de nos entretiens pendant cette octave si chère à la piété orléanaise. En effet, les aliments les plus solides de la foi chrétienne, cette nourriture fortifiante des âmes, ces sources pures où se développe, s'élève et se perfectionne la vie surnaturelle ; — en un mot, les grands objets de la dévotion catholique, voilà ce qui doit nous occuper en ces jours bénis, « *Quæcumque sunt vera, quæcumque pudica, quæcumque sancta, hæc cogitate;* » et en ce moment, pour répondre à votre légitime attente, à l'ordre de ces fêtes ainsi qu'aux pensées qui dominent cette belle journée, je viens proposer comme premier objet de votre dévotion, le glorieux Patron de cette église et du diocèse, saint Aignan, ce grand pontife qui illustra le siége épiscopal d'Orléans pendant plus d'un demi-siècle; qui, durant soixante-cinq années, fut l'homme de la prière, l'homme du dévouement à son peuple, — sauveur des deux plus saintes choses qui soient au monde, la foi et la nationalité, la religion et la patrie, *pro aris et focis;* — enfin, traça un sillon si lumineux et si profond dans l'Église et dans l'histoire, qu'il est devenu le saint orléanais par excellence; bien plus, le saint national, et qu'aujourd'hui, après quinze siècles, sur cette terre où tout périt, son nom est encore populaire, et son tombeau en vénération. Entr'ouvrons, mes Frères, entr'ouvrons avec amour ces vastes horizons; et sans nous arrêter à des éloges vulgaires, car la louange « pâlit auprès des grands noms; » mais laissant à ses actes le soin d'accomplir cette justice, considérons d'abord *ce que saint Aignan a fait pour son peuple*, et ensuite *ce que son peuple a fait pour lui*, — deux pensées qui nous permettront de recueillir, de retracer dans un large cadre, et de mettre en lumière tous les traits saillants de cette rayonnante figure. Mais avant d'entrer dans notre glorieux sujet, invoquons la reine des pontifes et des saints.

Ave Maria.

I

C'était pour le monde une époque solennelle, l'heure de ces grandes crises sociales qui sont marquées dans l'histoire en caractères impérissables. — Rome, la maîtresse de l'univers, fatiguée de ses triomphes, enivrée de voluptés, laissait flotter aux mains de tyrans énervés les rênes de son immense empire; et depuis trois siècles, l'orgueilleuse dominatrice occupait ses loisirs à verser le sang des chrétiens, de cette jeune génération enfantée en un jour mémorable, sur les cîmes du Calvaire. Tant de corruption et tant de cruauté criait vengeance ! Aussi, bientôt insultée et assaillie de toutes parts, elle faisait vainement un suprême effort pour retenir le sceptre de ses vastes conquêtes : il échappait à sa main déshonorée, et son aigle « blessée à mort, arrêtait tristement son vol sur des drapeaux désormais sans victoire. »..... C'en était fait! Dieu jugeait la Rome des persécuteurs, Dieu condamnait l'ancien monde, — et dans le lointain, aux plages de l'Asie, dans les sombres forêts de la Germanie, sur les bords du Rhin, c'était le frémissement de cent peuples nouveaux qui s'ébranlaient, tout prêts à se mettre en marche pour venir enterrer les ignominies de la vieille société païenne, sur ses ruines fonder une société nouvelle, et par la vertu du sang chrétien, injecté dans leurs veines, régénérer le monde.

Or, en ces jours troublés, et vers le milieu du IVe siècle, une noble famille quittait l'ancienne Pannonie supérieure, et entrant dans les Gaules, se fixait en la capitale des Allobroges, *Vienna,* Vienne en Dauphiné. Ce fut là, dans l'année 358, que Dieu réjouit le cœur de cette chrétienne famille par la naissance d'un second fils qui reçut le nom d'Anianus : c'est notre saint Aignan !

Son enfance, comme celle de son frère, se développa sous les heureuses influences de la religion ; de bonne heure tournée vers Dieu par les inspirations d'une pieuse mère ; fortifiée par tous les exemples du foyer domestique, elle grandit comme une tendre fleur, à l'abri des souffles dangereux. Aussi, dès l'âge de 15 ans, jetant un regard sur le monde, Anianus le juge trop petit pour son cœur : déjà il a entrevu les nobles joies du sacrifice avec les gloires de la virginité, et il s'en va dans la retraite pour y tremper vigoureusement son âme... Chose remarquable! Les natures d'élite, celles à qui Dieu confie un rôle plus important et réserve de plus hautes destinées, éprouvent le besoin de s'isoler des agitations de la terre, afin de puiser dans le silence du cœur et le recueillement du désert, une force et des lumières supérieures. Ainsi fit le grand Augustin, ainsi Jérôme et Ambroise, ainsi Chrysostôme et tant d'autres! La solitude, voilà l'école où Dieu prépare les saints à son Eglise et les grands hommes à la patrie. Ah! c'est que là, en effet, l'air est plus pur, le ciel plus ouvert et Dieu plus familier.., *Familiarior Deus!*

Dans son humble cellule, Aignan partage son temps entre la prière, la méditation, le jeûne et la lecture des livres sacrés. Son union avec Dieu devient de plus en plus intime, et produit au dehors un merveilleux épanouissement de toutes les plus douces vertus évangéliques; — bientôt le parfum s'en répand dans le monde, et de tous côtés on accourt à la grotte du solitaire. Ce sont des pauvres, des ignorants, ce sont des âmes blessées aux épines de la vie qui viennent implorer conseils, soulagement et lumières, et le jeune anachorète préludant sans le savoir à son ministère futur, distribue à tous avec amour le baume de la consolation, l'aumône de sa compatissante charité, le bienfait de ses instructions et de ses prières. Pendant cinq années, Aignan est ainsi l'homme de Dieu et de ses frères: vertus touchantes, perfection sublime, il a tout étudié, tout pratiqué : aussi, Seigneur, son âme est prête, et l'heure de votre Providence peut sonner!

Or, en ces temps-là, un évêque appelé Euverte, remplissait les Gaules du bruit de son nom et des prodiges opérés par la sainteté de sa vie. Elevé miraculeusement au siége d'*Aurelianum* l'année même de la naissance d'Aignan, son front vénérable était couronné de la triple auréole des vertus, des miracles et de la science. « Ayant ouï, dit une vieille chronique, faire récit des actions d'Euverte, l'ermite de Viel-Castel veut en être le témoin pour en devenir l'imitateur... » et il part!

Ah! mes Frères, saluons, saluons son entrée dans votre ville, sur ce sol privilégié où dès les temps apostoliques, Altin a planté la foi chrétienne, où, après bien des années et des ténèbres, Euverte vient de l'affermir, et où plus tard Aignan la sauvera! Baisons ses premiers pas dans vos murs, et contemplons avec une religieuse émotion, l'embrassement fraternel d'Euverte et d'Aignan, de ces deux hommes placés aux deux extrémités de la vie, mais faits pour se rencontrer, tant est puissante l'attraction des grandes âmes ! O touchante et providentielle rencontre, que vous me rappelez délicieusement saint Dominique et saint François, saint Louis et le bienheureux Egidius fondant, eux aussi, tout leur cœur dans une effusion intime de tendresse et de larmes : *osculantes se alterutrum, fleverunt pariter.*

L'Evêque d'Orléans a bientôt reconnu le mérite de celui que Dieu lui envoie, et il juge avec ce coup-d'œil exercé de la vertu unie à l'expérience, que son disciple est appelé à monter les degrés du sanctuaire. A 24 ans, Aignan reçoit donc des mains d'Euverte l'onction sacerdotale dans l'église de Saint-Laurent ; peu de temps après, il est placé à la tête de l'abbaye de cette église, et par la vie monastique, il achève de s'établir dans l'esprit de dévouement et de sacrifice.

Cependant Euverte arrivé à la plénitude de ses jours, désire avoir Aignan pour successeur, comme à la même époque, sur d'autres plages, le vieil Evêque Valère installe son cher Augustin sur le siége d'Hippone. Le choix est réservé au jugement de Dieu, et après trois jours de jeûne public, les noms des candidats sont déposés sur l'autel de cette cathédrale de Sainte-Croix qu'une main mystérieuse a daigné solennellement bénir. Un enfant qui n'a pas encore l'usage de la parole est amené, il saisit un bulletin... « Aignan, Aignan Evêque d'Orléans, s'écrie-t-il ! » — A cette intervention du Ciel qui délie la langue des muets et manifeste ses volontés par la bouche de l'enfance, l'assemblée transportée d'admiration, de répéter à l'envi : « Aignan est l'élu du Seigneur ! » Et les saints livres consultés confirment jusqu'à trois fois ce choix merveilleux. — Aussitôt un cantique d'actions de grâces est entonné, l'abbé de Saint-Laurent est sacré, et en l'année 388, Euverte, âgé de 95 ans, s'endort dans la paix du Seigneur parce que ses yeux ont vu l'envoyé de Dieu.

Désormais voici l'horizon agrandi : Aignan est évêque

d'Orléans ; c'est pour lui l'heure de l'action, et pour nous l'occasion d'étudier ce qu'il va faire pour son peuple.

Il y a, mes Frères, il y a dans tout homme un signe dominant qui résume l'homme tout entier, et marque de son empreinte les qualités de son esprit, de son âme, de son cœur, et toute l'œuvre de sa vie. Si nous voulons rechercher dans Aignan ce trait distinctif, il suffit d'un regard pour le reconnaître : le signe que Dieu avait mis en lui, l'empreinte dont il l'avait spécialement marqué, vous l'avez tous pressenti ; c'est l'esprit de dévouement, ce noble sentiment, fleur exquise de la charité de Jésus-Christ, qui le porte à se faire le consolateur des affligés, le soutien du faible, l'ami de celui qui souffre, qui le pousse en un mot à se donner, à se donner tout entier, à se donner toujours !

En effet, à peine le nouvel évêque a-t-il déposé dans le tombeau préparé par Tétradius, la dépouille mortelle du bienheureux Euverte, qu'il se déclare par un coup d'éclat, l'ami de ses frères, de ses frères les plus délaissés, en demandant la liberté des captifs qui gémissent dans les prisons de la ville : *Fratrum amator !...*

Ah ! c'est que l'ennoblissement moral de l'homme, voilà la grande mission du christianisme, le but qu'il fallait poursuivre énergiquement surtout en ces âges à demi barbares : or, l'obstacle principal à ce glorieux affranchissement des âmes, c'était l'abus de la force que la législation païenne traduisait par l'esclavage pour ces infortunés qui n'avaient d'autre tort que d'avoir été vaincus dans le combat, et d'autre perpective que les chaînes de la servitude. Hélas ! que pouvait l'homme, que valait-il ainsi abaissé dans sa dignité morale et dans son âme immortelle ?... Mais des considérations de cet ordre élevé dépassaient le niveau religieux du gouverneur romain ; aussi, fallut-il un miracle éclatant, la guérison subite d'Aggrippin lui-même pour vaincre ses résistances et faire ouvrir les cachots de la cité ; et c'est là, mes Frères, l'origine de ce touchant et miséricordieux privilége en vertu duquel les évêques d'Orléans au jour de leur joyeux avènement, délivrent les pauvres prisonniers.

Après le temple des âmes, les temples matériels : Aignan achève donc et embellit la basilique de Sainte-Croix élevée par Euverte, et dans cette occasion affirme de nouveau en rendant instantanément la santé à l'architecte Mellius, combien sa prière est devenue puissante auprès de Dieu, *Multùm orat pro populo.*

Toutefois, ces sollicitudes extérieures ne faisaient pas perdre de vue au grand évêque sa mission principale au milieu d'un peuple encore imbu des réminiscences païennes, c'est-à-dire conserver intact le dépôt de la doctrine évangélique; aussi, quand l'arianisme se présenta avec ses subtiles erreurs et ses entraînements perfides, Aignan, sentinelle vigilante, était debout sur la tour de David, armé de l'impénétrable bouclier de la foi catholique.

Une nuit, un pieux anachorète était en oraison : or, il vit le nom du Dieu vivant écrit en lettres de flammes, et les différents ordres angéliques occupés à contempler ces divins caractères et à chanter un cantique de louanges... Au premier rang se tenaient les prophètes, puis les apôtres, et parmi eux deux personnages environnés de lumière; et il fut révélé au bon religieux que c'étaient saint Martin et saint Aignan, parce que ces deux grands évêques ayant maintenu l'intégrité de la foi, avaient été associés au glorieux collége apostolique.

Enfin, d'après les grandes lignes encore vivantes dans l'histoire, docteur de la foi, pasteur des âmes, père des pauvres et des orphelins, l'ami du peuple et de la cité, prudent et ferme dans le gouvernement de son troupeau, *vir eximiæ prudentiæ;* éminent par l'esprit et le cœur comme Athanase et Hilaire, *vir laudabilis sanctitatis;* puissant thaumaturge auprès duquel vient s'édifier l'illustre évêque d'Auxerre lui-même; égal en mérites à saint Loup et même à saint Germain, *Lupo par, Germano non impar;* principe et centre du mouvement chrétien et civilisateur dans cette partie des Gaules, en un mot pontife consommé, *consummatissimum pontificem*, tel était Aignan au sein de votre ville depuis soixante-deux ans!... Or, a-t-il assez fait pour son peuple? Non, non! et il lui faut montrer surtout qu'il est de la forte race de ceux qui sauvent la patrie!

En ces jours-là, des bruits sinistres grondaient dans le lointain : du fond de la Pannonie, — aux lieux mêmes d'où est partie la famille d'Anianus, le remède à côté du mal; c'est souvent ainsi que Dieu dispose les choses en ce monde ; — des brumes de la Germanie, les hordes rugissantes des Huns s'étaient élancées contre la Gaule, passant sur les cités comme la foudre sur les campagnes. C'était Attila qui traînait à sa suite 500,000 de ces ravageurs, êtres farouches qui avaient à peine figure humaine; il se faisait appeler le Fléau de Dieu, et en vérité, il remplissait brutalement sa mission, *mensuram nominis implet*, car il broyait les peuples et ne laissait derrrière lui que du sang et des ruines! Déjà Metz, Tongres, Trèves, Reims sont tombés sous ses coups; Lutèce échappe à l'extermination générale par la prière de l'angélique Geneviève, *dux fœmina facti!* mais, hélas! le torrent n'est détourné de son cours dévastateur que pour se ruer sur Orléans! O ciel! voici le jour de la colère, c'est l'heure de l'effroyable péril!... Seigneur, Seigneur, sauvez-nous, nous périssons!

Cependant, à Rome, dans l'église de Saint-Pierre, plusieurs évêques des Gaules imploraient avec larmes la miséricorde divine par l'intercession des saints Apôtres; et tout à coup une voix mystérieuse se fit entendre à leurs oreilles étonnées : « Cessez de prier; aucun de vous ne repoussera le fléau; il n'y a qu'un évêque à qui Dieu réserve cette faveur, c'est Anianus d'Orléans. »

En effet, au bruit de l'invasion, le bon Pasteur malgré le poids de ses 92 ans, a entrepris à travers les Gaules, un voyage de 260 lieues, voyage semé de prodiges; il a plaidé avec des accents émus auprès d'Aétius, le lieutenant de Valentinien à Arles, la grande cause de la religion et de l'empire, de la civilisation chrétienne et romaine aux prises avec la barbarie; l'importance stratégique de la place d'Aurélianum, la clef des autres provinces de la Gaule; il a reçu la promesse d'un prompt secours, et le voilà, rentré dans Orléans, qui organise la défense, fait rassembler des vivres, fortifier les murs; mais aussi réciter des prières publiques, porter sur les remparts les reliques des saints et en particulier de saint Baudèle, orléanais, qu'il a recueillies à Nîmes, parce qu'il sait que les hommes élèvent vainement des bastions si Dieu ne veille avant tout autre; tour à tour au pied des autels, sur les murailles, partout, pour enflammer le courage et animer la confiance de vos pères!

Cependant, les bandes d'Attila sont là, campées tout près de nous; déjà les portes s'ébranlent sous leurs coups; les barbares vont livrer un assaut général, et Aétius n'arrive pas!...

Aignan a vu le péril... soudain il se prosterne... puis, inspiré, le regard attaché au ciel, il supplie Dieu d'avoir pitié de son peuple.., et aussitôt une pluie torrentielle arrête pour trois jours l'effort des assaillants. Mais Attila rassemble de nouveau ses hordes... Et Aétius n'arrive pas!

O Dieu, que faire? le peuple est découragé, plus d'espoir! le saint pontife a tout épuisé pour le salut de son troupeau; il ne lui reste qu'à se livrer lui-même! Il sort donc revêtu de ses habits pontificaux, et s'avance seul au milieu des Huns étonnés.

Le voyez-vous, chrétiens, ce vieillard vénérable par l'âge, par sa dignité, ses vertus, sa douleur, portant dans son âme accablée le poids des angoisses universelles, le voyez-vous entrer dans la tente d'Attila et demander grâce pour la vie et la liberté de ses enfants? Non! je ne sache pas qu'il y ait souvent dans l'histoire un tableau plus grandiose et plus saisissant... Pour moi, en ce moment encore, je ne puis le contempler sans éprouver un tressaillement profond et sentir les larmes me gagner au cœur... Ah! mes Frères, vous me trouvez peut-être fastidieux dans ces récits connus, que voulez-vous? « C'est votre gloire que je raconte, m'écrierai-je à mon tour, et il faut bien que vous la savouriez jusqu'à la dernière goutte... » Suivons donc avec émotion tous les épisodes de ce drame incomparable; c'est ici, ici même qu'il eut lieu, et vos pères y assistaient!

Le respect qu'imprime la présence instinctivement révérée d'un héros et d'un saint ébranle un moment le barbare : l'homme de fer accorde la vie, mais hélas! au prix d'une honteuse servitude; il faut devenir l'esclave d'Attila! .. Aignan rentre donc, le cœur brisé d'une tristesse inénarrable, les larmes aux yeux, des larmes! ce sang de son âme de vieillard, — plus auguste encore à cause de ce je ne sais quoi que le malheur ajoute à la vertu!

De nouveau, il exhorte son peuple à la patience, il affirme que le secours approche... vains efforts! les courages sont glacés... Orléans va se rendre aux odieuses conditions posées par le vainqueur puisque Aétius n'arrive pas!

C'était le treizième jour de juin : le lendemain les portes, vos portes, mes Frères, sont ouvertes aux chefs de l'armée ennemie... Tout est perdu... même l'honneur! Cependant un homme espère encore et prie, c'est Aignan!

En ce moment, un nuage de poussière est signalé à l'horizon; « *c'est le secours de Dieu*, s'écrie le Pontife! »

En effet, Aétius et Théodoric arrivent à l'improviste, tombent sur les Huns, égorgent ceux-ci, repoussent ceux-là, renversent le camp, frappent, brisent, écrasent, foudroient... c'est un effroyable carnage, une déroute complète! venir, voir et vaincre, secours de Dieu, c'est fait!

Mais, ô saint Pontife, où êtes-vous? quel est votre rôle dans cette arène sanglante? Où est votre évêque, mes Frères? Il est à Sainte-Croix, chantant le triomphant cantique de Moïse! Ce qu'il fait? il bénit les mourants, soulage les blessés, protége les vaincus, demande grâce pour les prisonniers, — pasteur des âmes, père du peuple, sauveur de la foi et de l'indépendance nationale, libérateur de la ville et de la France, de tout l'Occident chrétien et civilisé!

Ce fut le 14 juin 452, que s'arrêta dans vos murs, à la prière de saint Aignan, la nuée de feu, la vague de sang qui, des plaines de l'Asie, roulait sur l'Europe : Orléanais, ce fut en ce jour que sous les auspices de votre évêque, se révèla avec éclat ce magnifique privilége accordé par la Providence à votre cité, d'être à travers les âges, l'invincible rempart où vient se briser le flot des envahisseurs ! Orléanais, gloire, gloire à vous pour jamais !

Enfin, Aignan a-t-il épuisé toute la sève de son héroïque dévouement pour son peuple ? Chrétiens, ne le croyez pas. Après l'avoir arraché aux chaînes d'Attila, il ne peut l'abandonner aux horreurs de la famine ; et dans ces champs tout à l'heure ravagés par le choc des armées, la prière du pontife fait croître une abondante moisson. Après ce dernier miracle, chargé d'ans et de mérites, aimé comme un père, honoré comme un libérateur, vénéré comme un saint, Aignan, semblable à l'encensoir sacré, peut fermer son cœur à tout ce qui vient de la terre et l'ouvrir du côté du ciel ; il peut mourir !... Il meurt donc ; il meurt, mais de sa tombe, disons mieux, de ses autels, il continuera les travaux et les merveilles de son apostolat ; il sera encore père, encore sauveur ; il protègera toujours ses frères et la cité ; et son nom invoqué guérira les malades, ressuscitera les morts, apaisera les fléaux, consolera les âmes affligées ; et à l'heure du danger, dans dix siècles, quand les ennemis ébranleront de nouveau les murailles de sa ville, dans les airs, l'antique libérateur, *liberator vetus*, s'unira à la récente libératrice pour combattre l'Anglais ; enfin dans 1400 ans, si le Cosaque des rives du Don veut appuyer ici son pied insolent, c'est encore le doigt d'Aignan qui lui montrera le grain de sable des bords de votre Loire, ce grain de sable qui dit : « Tu n'iras pas plus loin ! » En un mot, ayant aimé les siens quand il était dans le monde, lui aussi, il les aimera jusqu'à la fin : voilà, chrétiens, ce que saint Aignan a fait pour son peuple !

II

Écoutez, mes Frères, le début saisissant du premier livre des Machabées : « En ce temps, Alexandre, fils de Philippe, remporta de nombreuses victoires, prit des forteresses imprenables, triompha des rois, subjugua les peuples, et toute la terre se tut devant sa face, frappée d'étonnement et de frayeur ; et après cela, il tomba malade, se sentit défaillir, vit sa mort assurée, partagea ses états, et ayant régné douze ans, il mourut !... »

C'est à quoi aboutit toute cette gloire. Là se termine la vie d'Alexandre. Et après? cette page stérile dans l'histoire! Et après? rien, pas un regret, pas une prière, pas un souffle rafraîchissant, pas une larme du cœur, pas un souvenir ému sur cette tombe éternellement muette.

Ah ! voilà, éloquente et palpable, la différence qui existe entre les héros de la terre et les saints de l'Eglise catholique ! l'histoire de notre pontife Aignan ne commence pas à la vérité d'une manière aussi pompeuse, mais elle ne finit pas non plus par cette misérable et complète décadence. Au contraire, Jésus-Christ dont le sépulcre a été glorieux, Jésus-Christ qui est admirable dans ses saints, se plaît à associer son serviteur à l'honneur de sa vie ressuscitée et à projeter sur lui les rayons de cette gloire dont il est l'immortel foyer.

En effet, à peine le corps de notre grand évêque est-il rapporté de Saint-Laurent en ce lieu même, afin de reposer sur le théâtre de ses victoires, que la piété et la gratitude des fidèles Orléanais éclatent avec enthousiasme et lui rendent de solennels hommages. Que dis-je, les Orléanais? mais déjà la voix des peuples l'a proclamé saint ; déjà sa mémoire dotée de la popularité de la prière, est en bénédiction dans toute la province ; et ce sont les villes, ce sont les contrées environnantes, ce sont les Gaules qui accourent au tombeau de saint Aignan où l'Eglise et la dévotion sont pour jamais fondées. En peu de temps, son culte, comme une flamme qui se dilate, n'est plus un culte local, c'est un culte national ; bientôt Aignan n'est pas seulement le Saint orléanais, c'est le Saint populaire de la France, — c'est le Saint de nos rois dont plusieurs ont lié leur histoire à son histoire ; ce sera le premier dans l'amour de la patrie avec notre héroïque Jeanne d'Arc! Recueillons, mes Frères, recueillons avec intérêt les principaux témoignages de la reconnaissance des peuples, et ce qu'ils ont fait dans le courant des âges, pour leur libérateur !

Peu d'années après la mort de saint Aignan, et quand déjà autour d'Orléans, dix-sept églises, sans compter de nombreux autels, sont placées sous son patronage, et qu'il est devenu le centre de la dévotion orléanaise, une Vierge illustre vient s'agenouiller au tombeau du pontife, et développer à ce foyer ardent, les généreuses aspirations qui, en notre pays, naissent au cœur des bergères quand le cœur des rois ne les produit plus : c'est la libératrice de Lutèce, sainte Geneviève : elle demeure plusieurs jours auprès des reliques vénérées et sème les miracles sur ses pas.

Mais puisque le nom de la douce bergère de Nanterre a été prononcé, laissez-moi rappeler un souvenir qui tient à mon sujet. A Paris, sous le portique du Panthéon, deux groupes de marbre fixent l'attention du visiteur : ici, c'est Clovis, notre premier roi chrétien, celui qui va remplacer l'humble sanctuaire de saint Aignan par un temple plus noble et plus digne, — c'est Clovis recevant des mains de saint Rémi, le baptême qui rend le fier Sicambre enfant de Dieu, et assez fort pour porter le sceptre du plus beau royaume après celui du ciel. Là, c'est Geneviève prosternée devant Attila : le barbare avec son extérieur sauvage, son regard farouche, le bras saisissant sa longue épée, contraste d'une façon étrange avec la suave et radieuse figure de notre Geneviève qui d'une main arrête l'arme menaçante, et de l'autre montre Jésus-Christ et le ciel.

La patronne de Paris a créé le courant qui porte les âmes au tombeau de saint Aignan ; et voilà qu'à sa suite, au VIe siècle, on voit s'y rendre un enfant de l'Orléanais, saint Loup, archevêque de Sens, et saint Maur, l'illustre disciple de saint Benoît. Puis, par un élan rapide, cette impulsion se communiquant jusqu'aux sphères royales, c'est Pépin-le-Bref qui, selon la chronique, « octroie nombreux privilèges à l'église de Saint-Aignan ; » c'est Charlemagne qui remplace l'œuvre de Clovis par un temple plus splendide, et le dote des îles de la Loire qui de nos jours encore portent son nom ; c'est Charles-le-Chauve qui répare le vandalisme des Normands ; mais arrêtons-nous ici, mes Frères, pénétrés de la plus vive admiration.

Nous sommes au 14 juin, anniversaire mémorable — de l'an de grâce 1029. Voyez-vous le concours empressé des fidèles en ce temple qui renaît de ses ruines fumantes ? et dans une couronne d'évêques, de religieux, de hauts et puissants seigneurs, ce cortége qui s'avance majestueux, au chant des hymnes ; et au milieu de cette pompe, un personnage plus resplendissant, portant sur ses épaules le corps de saint Aignan ; puis, le voilà qui dépouille le manteau de pourpre, et prosterné sur le tombeau vénéré, en présence du clergé et de la foule attendrie, prononce d'une voix émue, cette touchante prière : « Dieu bon, « vous avez comblé le plus cher de mes désirs en me permettant « d'honorer dignement le bienheureux saint Aignan ; accordez « donc aux mérites du *père* et du *libérateur* de la patrie, des « jours de bonheur pour la France, et pour moi un règne « remarquable par l'esprit de sagesse et de piété qui doit diriger « tous mes actes !... »

Ah ! mes Frères, vous avez reconnu le bon roi Robert, le plus grand admirateur de notre patron ? Qui ne sait sa dévotion proverbiale à Saint-Aignan, et combien il aimait à assister aux offices de cette église, revêtu de la chape, remplissant les fonctions de premier choriste, composant et chantant ces répons populaires que dans ces jours vous allez répéter avec un pieux élan ?

Et plus tard, Louis IX, le grand prince, le grand saint, « la personnification sublime de la chevalerie chrétienne dans toute sa pureté, et de la véritable royauté dans toute son auguste grandeur ; » aussi ardent à relever la tête devant l'ennemi qu'à la courber devant Dieu ; notre saint Louis enfin, qui à son retour d'Egypte, s'empresse, lui aussi, de payer son tribut d'hommages au protecteur des rois ; et avec ses deux fils, pendant une longue procession, porte la châsse de saint Aignan de ces mains qui ont été aussi royales et françaises sous les chaînes du Sarrasin qu'avec l'épée de Taillebourg et du Croisé ; et ensuite, assis sur l'herbe du cloître, au milieu du bon peuple d'Orléans, comme autrefois sous le chêne de Vincennes, écoute humble et recueilli le sermon de Robert de Courtenay, son compagnon de Terre-Sainte.

Et le bizarre Louis XI qui ne reste pas en arrière de ses plus zélés prédécesseurs pour le culte du Patron d'Orléans ; c'est lui, abbé et chanoine de Saint-Aignan, qui rétablit ce temple démoli à l'approche des invasions refoulées par notre Jeanne d'Arc ; c'est lui qui élève au-dessus de la vieille crypte de Robert, ces voûtes élancées et cette riche architecture qui a échappé au marteau hérétique et révolutionnaire ; puis se construit un palais communiquant en toute familiarité avec l'une des chapelles souterraines, et offre à son « dict sieur sainct Aignan » des présents d'une libéralité royale; et Charles VIII qui continue l'œuvre de son Père; et Louis XII qui bâtit six chapelles; enfin vingt-quatre rois de France qui accordent des bienfaits à l'église de Saint-Aignan et prouvent par là jusqu'à quel degré il était le saint national.

Mais et Clotaire II qui fait jurer le serment de fidélité sur les reliques de saint Aignan ; et ces rois, ces ducs d'Orléans, ces évêques, Théodulphe entre autres, qui s'honorent du titre d'abbé, de chanoine de cette illustre collégiale qui eut pour doyen en 1211, le bienheureux Réginald, le bâton des Frères prêcheurs, le compagnon de Dominique et de Fra-Giovanni ; et les princes, les princesses qui ordonnent qu'après leur mort, des messes de *requiem* soient célébrées pour leur repos éternel, dans l'église du pontife ; et ces pieux évêques, saint Moniteur, saint Flou, le candide enfant, paraît-il, qui s'était écrié : « Aignan, Aignan évêque d'Orléans ; » et le premier abbé de Mici, Euspice, et tant d'autres, qui veulent être inhumés à l'ombre de son sanctuaire; et ces hommes du monde qui sacrifient leur liberté en se vouant pour toujours au service de son église ; et le Siége apostolique, douze Papes qui s'unissent à ce vaste concert par la concession d'importants priviléges; et les peuples, *catervatim populi*, les petits et les grands, les riches et les pauvres, qui acclament ces témoignages de dévotion, ces manifestations souvent accompagnées de miracles, *in virtutum tumuli mirandâ frequentiâ;* toujours signalées par des faveurs nombreuses, *ossa illius visitata sunt et post mortem pophetaverunt;* enfin, tous les cœurs qui s'associent à cet enthousiasme... Ah! mes Frères, de tels fils sont dignes d'un tel Père, et je le sens, à ces consolants souvenirs évoqués de la poussière des siècles, les ossements ranimés du saint Patron tressaillent en ce moment de la plus vive allégresse!

Mais hélas! il nous faut changer les lauriers en cyprès, *vertere funeribus triumphos;* aux jours de joie vont succéder les jours de deuil!

C'est en 1562 : les Huguenots ont pris Orléans; rien n'est épargné, et les quatre châsses de saint Aignan, ces reliques qui ont reçu les hommages de onze siècles, échappé aux fureurs des Normands, au pillage, à l'incendie, sont jetées sur un bûcher sacrilége!... déjà la flamme pétille! O Dieu, le permettrez-vous? Orléanais, abandonnez-vous votre palladium? Saint Pontife, ce sont encore des barbares, levez-vous donc et défendez votre cause!... Et en effet, de sa tombe Aignan a frémi : « *Exoriare aliquis nostris ex ossibus ultor*, un vengeur, il faut un vengeur! » Soudain un jeune choriste s'élance et arrache aux flammes une partie des précieuses reliques, ces ossements sacrés que nous possédons encore... Et maintenant, hérétiques du XVIe siècle, ravagez; ravagez, vandales, la royale église de Saint-Aignan; mais son plus riche trésor? ah! il reprendra bientôt possession de ce sanctuaire; et cette fois encore, la tendre dévotion du peuple s'appliquera, malgré la misère des temps, à décorer son talisman vainqueur de l'or le plus pur, du travail le plus exquis; et la ville, la ville entière se lèvera et battra des mains pour saluer la rentrée triomphale de la châsse de saint Aignan dans son église.

A cette heure suprême, recueillons-nous, mes Frères, et par un regard jeté sur l'autel, allons puiser la force d'achever cet itinéraire de sang et de gloire.

De nouveau l'horizon s'assombrit sur la France ; les sourdes rumeurs de la révolution grondent dans les bas-fonds de la société ; 93 fait entendre ses menaces sinistres ! Orléanais, dans ce dévergondage de l'impiété, où est la châsse déjà sacrilégement dépouillée? sans doute dans un abri plus sûr, à Saint-Euverte? Mais, ô ciel ! je vois les terroristes qui apposent les scellés sur la porte de cette église !

C'est le 25 novembre 1793.... une nuit sombre enveloppe la cité ; çà et là retentit le pas des patrouilles comme aux heures inquiètes de l'émeute. Cependant, à l'angle de la rue Saint-Euverte, un homme veille, attentif, impatient.... tout à coup il s'élance vers l'église, escalade une fenêtre..., il est devant la châsse de saint Aignan, à genoux, frémissant, hésitant.... mais le temps presse ; chargé de son précieux fardeau, il part, et l'horloge de la ville l'acclame de ses douze coups de minuit quand il rentre dans son obscure demeure ! Vincent Pouteau, honneur, honneur éternel à toi ! noble cœur, tu es de la race de ces Orléanais intrépides qui, en ces jours lugubres, ne craindront pas d'aller au pied de l'échafaud dressé sur le Martroi, tremper religieusement des linges dans le sang des prêtres martyrs.

Et maintenant, mes Frères, transportez-vous dans la rue Sainte-Anne, et là, au sein d'une famille deux fois vénérable, soyez témoins de la scène la plus attendrissante : un prêtre proscrit dépose les saintes reliques dans une chapelle secrète, et comme autrefois au fond des Catacombes, l'auguste sacrifice est offert sur le corps du Pontife, tandis qu'à côté retentissent les cris de mort de la révolution ; et chaque nuit, douze âmes d'élite viennent y demander à Dieu dans une prière touchante, le rétablissement de la religion catholique en France !

Enfin, ce vœu est exaucé, et en 1803, dans cette journée deux fois glorieuse du 14 juin, le défenseur de la cité rentre solennellement dans son temple. Au milieu d'une foule enthousiasmée, à travers les rues où se dressent d'élégants reposoirs, au son des instruments de musique, la châsse s'avance précédée d'une garde d'honneur et portée sur les épaules des prêtres, entre deux haies formées par la milice civique ; et par derrière, aux côtés de l'Evèque et des magistrats, marchent, des fleurs à la main, des larmes aux yeux, les courageux chrétiens qui ont sauvé et abrité les saintes reliques. Ah ! gloire à Dieu, Orléans est rendu à la foi catholique ! Sans doute dans cette tempête, la dévotion à saint Aignan a été un instant comprimée ; mais comme elle se ranime bientôt de toutes parts, en Bourgogne, surtout dans notre contrée ! et au seuil de ce siècle, quand la coalition profane le sol de la patrie ; quand plus tard, en 1832, un redoutable fléau multiplie ses victimes ; lorsque les espérances de la moisson sont compromises comme en 1845, dans toutes les calamités, c'est vers vous, toujours vers vous, ô saint Aignan, que se tournent les Orléanais éprouvés. Alors ce sont ces processions immenses qui rappellent les *Pardons* du moyen-âge, *arca prodit Aniani;* ce sont de nombreuses églises placées sous le vocable de saint Aignan, dans ce diocèse et ailleurs ; des confréries établies en son honneur ; ce sont les neuvaines de prières, les pieuses fondations, les pèlerinages au tombeau du Pontife, une affluence dont ces assemblées populaires sont un dernier vestige ; — et cette octave établie naguère par notre grand Evêque, *Evurtio par*, *Aniano non impar*, — défenseur, lui aussi, de la ville, et de la ville éternelle contre les Huns du XIXe siècle ; et en ces jours, sous nos yeux, ces foules qui se pressent dans cette enceinte trop étroite, qui semblent dire, elles aussi, « *Angustus est mihi locus, fac* « *spatium ut habitem*, prolongez, prolongez ces murailles, » et viennent par un flux et reflux continuel, se prosterner devant la châsse sacrée ; — et la présence en ce lieu des pasteurs vénérables qui, dans cette semaine, tour à tour et au nom de leur religieuse paroisse, rendront pour ainsi dire hommage-lige à saint Aignan ; enfin, la pompe de ces offices, l'éclat de ces fêtes, cet élan religieux et souvent patriotique...., voilà ce que les peuples ont fait pour saint Aignan depuis quinze siècles ; telle est la place qu'il occupe dans leur cœur. Or, ce puissant faisceau de manifestations et de témoignages, tout cet ensemble imposant révèle, et dans une lumière éblouissante, jusqu'à quelle profondeur il est le saint orléanais, le saint populaire, le saint national !

Et maintenant, un dernier mot pour mettre fin à ce discours que vous aurez jugé bien long, mais que moi j'ai fait avec mon cœur de Prêtre, d'Orléanais et de Français.

Deux fois votre ville, à son berceau et au midi de sa virilité, fut établie par la Providence comme un poste d'honneur pour sauvegarder la religion et l'indépendance nationale en péril; deux fois, au pied de vos murailles, l'étranger a dû reculer devant un Evêque en prière et une jeune fille inspirée du Ciel; deux fois, à mille ans de distance, Orléans est demeuré debout quand autour de lui tout était en ruines, de même que dans ces temples de l'ancienne Grèce, on voit au milieu des portiques écroulés, une colonne puissante qui arrête la chute totale de l'édifice. Enfin, deux fois Orléans a concentré en soi la vie nationale, cœur magnanime de la patrie, *ultimùm moriens;* et cinq fois, par ses conciles, ruche féconde où les Evêques ont fait la France catholique, *primùm vivens.....* Et, à ces époques mémorables, que de miracles, et quels miracles ont jailli de ce sol privilégié ! Ah ! mes Frères ,

« Quel pays fut jamais plus fertile en miracles ! »

Tel fut le rôle historique d'Orléans, être la fille aînée de la France, comme la France est la fille aînée de l'Église ! Ce fut là votre grande et magnifique destinée !

Or, vous le savez, noblesse oblige.

A vous donc de conserver intacte à l'ombre des bannières réunies de vos protecteurs, cette foi chrétienne plantée ici à coups de prodiges ; à vous de la défendre avec une si religieuse fermeté qu'aucune force ne puisse la déraciner ! Mais Dieu merci ! vous êtes encore les nobles fils des croyants qui combattirent en 452 et en 1429. Bien plus, grâce à son courageux dévouement en des crises difficiles, Orléans a mérité d'être appelé *la ville sainte;* et il y a soixante ans, c'est un Pape, c'est Pie VII qui s'écriait à votre porte Bourgogne : « La bonne ville d'Orléans ! » Et de nos jours, par sa charité proverbiale, certes, il est digne encore de ce généreux Jacques Alleaume qui disait : « Je n'ai jamais compté avec Dieu ! » La foi et la charité, ce précieux trésor, cet héritage que vous a légué saint Aignan, ah ! mes Frères, veillez sur lui avec amour ! Puis, garde d'honneur de ce tombeau, continuez, pleins de confiance et de fidélité, votre faction glorieuse, les traditions de vos pères et cette longue chaîne d'hommages que nous venons de dérouler. Mais surtout aux heures douloureuses de l'épreuve, écoutez, écoutez cette voix qui sort de la châsse vénérée et vous dit : « Souvenez-vous, mes enfants, du vieil Evêque qui a semé au « milieu de vous la parole de vie, *Mementote præpositorum ves-* « *trorum*..... Méditez ses exemples, imitez sa foi, *Imitamini* « *fidem !* » — Et vous, ô père, ô ami, ô saint Aignan, de votre gloire immortelle, soyez toujours le protecteur de la Cité et de la France, — le défenseur de la religion et de la patrie !

Amen ! Amen !

Orléans. — Imp. Ernest Colas.

www.ingramcontent.com/pod-product-compliance
Lightning Source LLC
LaVergne TN
LVHW020256230826
846091LV00006B/2449
* 9 7 8 2 0 1 1 7 6 3 6 8 6 *